The Battleship Island

Have you heard about Battleship Island? Battleship Island, commonly called Hashima Island, is an abandoned island lying about 19 kilometers from the city of Nagasaki, in southern Japan. This island is also known as 'Battleship Island' because it looks like a battle ship.

Battleship Island was added to the UNESCO World Heritage list in July 2015, as part of Japan's Sites of Japan's Meiji Industrial Revolution, where iron, steel, shipbuilding and coal mining once thrived.

While the island is a symbol of the rapid industrialization of Japan, it is also where many Korean workers were forced into labor during World War II.

Beginning in the 1930s and until the end of World War II, Korean prisoners or war were forced to work under very harsh conditions and brutal treatment at the Battleship Island. They forced laborers under Japanese wartime mobilization policies.

More than one in eight Korean workers died under harsh working and living conditions, according to official records. During this period, it is estimated that about 1,300 of those conscripted workers died on the island due to various dangers, including underground accidents, exhaustion, and malnutrition.

Now, the crumbling concrete buildings and remnants of a once-thriving coal mine await tourists from around the world who are drawn to the eerie appearance of the uninhabited island. Japan should make more efforts to shed light on its dark history related to Battleship Island.

This book is about Yuki, a boy who experienced the pain from a coal mine on Battleship Island. Children can understand dark history and sad truth through these books. I hope children all over the world will pay more attention to the historical truth. And by remembering, hopefully we will avoid some catastrophes in the future.

In the Text

1. Hashima Island

2. Heritage of our ancestors

3. Go back to where you came from!

4. A coal mine in the sea

5. Maru's wish

6. Please wait!

군함도

바우솔 작은 어린이 28

군함도
The Battleship Island

1판 1쇄 | 2017년 5월 15일
1판 7쇄 | 2019년 3월 15일

글 | 장성자
그림 | 허구

펴낸이 | 박현진
펴낸곳 | (주)풀과바람
주소 | 경기도 파주시 회동길 329(서패동, 파주출판도시)
전화 | (031) 955-9655~6
팩스 | (031) 955-9657
출판등록 | 2000년 4월 24일 제20-328호
홈페이지 | www.grassandwind.com
이메일 | grassandwind@hanmail.net

편집 | 이영란
디자인 | 박기준
마케팅 | 이승민

ⓒ글 장성자, 그림 허구, 2017
이 책의 출판권은 (주)풀과바람에 있습니다.
저작권법에 의해 보호를 받는 저작물이므로 무단 전재와 복제를 금합니다.

값 9,000원
ISBN 978-89-8389-701-5 73810

※잘못 만들어진 책은 구입처에서 바꾸어 드립니다.
이 도서의 국립중앙도서관 출판예정도서목록(CIP)은 서지정보유통지원시스템 홈페이지(seoji.nl.go.kr)와 국가자료공동목록시스템(www.nl.go.kr/kolisnet)에서 이용하실 수 있습니다. (CIP제어번호 : CIP2017009045)

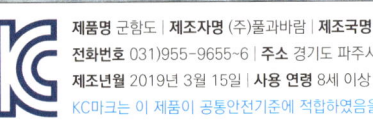

바우솔 작은 어린이 28

군함도

장성자 글 | 허구 그림

머리글

군함도에 대한 동화를 써 달라는 제안을 처음 받았을 때, 나는 거절했다.

피부에 와 닿지 않는 수십 년 전 일제 강제 징용의 역사를 어린이들에게 어떻게 전달해야 할지 자신이 없었다. 아픈 역사의 한 부분을 외면하는 건 아닌지, 자꾸 뒤통수가 당겼지만 어쩔 수 없다고 생각했다.

그러던 어느 날, 일본이 강제 징용의 역사는 쏙 빼놓고 군함도를 유네스코 세계 문화유산으로 등재시켰다는 뉴스가 나왔다. 수많은 일본 사람이 군함도에 들어가 관광하며, 다 쓰러져가는 건물들을 자랑스럽게 둘러보는 장면도 나왔다. 어이없는 뉴스에 나는 어찌할 바를 모르고 텔레비전 화면만 뚫어져라 보았다.

그때 공포 영화에나 나올 법한, 폐허가 된 우중충한 건물들 사이로 한 아이가 보였다. 아이는 짧은 머리에 허름한 옷을 입고 있었고,

금방이라도 쓰러질 듯 아파 보였다. 도와달라는 듯 아이가 관광객들을 향해 손을 들었지만, 누구의 시선도 아이에게 머무르지 않았다. 자신을 봐 주지 않는 사람들에게서 눈을 거둔 아이는 망연히 바다를 보다가 쓰러졌다. 내 가슴이 쿵 내려앉았다.

그 뒤 아이와 마음으로 이야기를 나누며 나는 깨달았다.

내가 할 일은 역사를 가르치는 것이 아니라, 어린이들이 마음으로 역사의 한 순간과 만나게 도와주는 것이라는 걸.

아이의 이름은 마루다.

태평양 전쟁 당시 하시마 탄광으로 강제 징용되었다.

마루의 이야기를 옛날이야기로 끝나게 해서는 안 된다.

부끄러운 역사는 막장 속에 가두어 놓고, 왜곡하면 된다고 믿는 사람들이 있기 때문이다.

우리 어린이들이 마루의 손을 잡고 마루의 이야기를 들어주었으면 좋겠다.

장성자

차례

1. 하시마 섬   9
2. 선조의 유산   17
3. 돌아가라   30
4. 바닷속 탄광   43
5. 마루의 소원   60
6. 기다려   70

1. 하시마 섬

엄마는 아직도 히토미 선생님과 이야기를 나누고 있다. 바람에 날리는 엄마의 스카프를 끌어당기고 싶다. 엄마와 선생님은 정말 마지막 인사를 하는 것처럼 허리를 반을 숙였다. 도대체 몇 번째인지.

"으, 피곤해."

유키는 자동차 문에 머리를 기댔다. 잠시 뒤 앞문이 열렸다가 탁 닫혔다.

"어머, 유키. 똑바로 앉아. 선생님이 보고 계시잖니!"

유키는 입을 통 내밀고 의자에 누워 버렸다. 엄마는 얼른 시동을 걸고 학교 앞을 빠져나갔다.

"유키, 오늘 역사 시간에 뭐 배웠어?"

일본 말을 못해서 왕따를 당할까 봐 전전긍긍하던 엄마는, 얼마 전부터는 수업 내용에 관해 물어봤다.

"몰라. 관심 없어."

"관심 좀 가져. 일본은 역사를 중요하게 여겨서 시험 배점도 높대."

"아, 진짜!"

유키는 시험이란 말에 짜증이 났다.

"참, 남자아이 중에서 네가 가장 운동 신경이 좋다고 선생님이 칭찬하더라."

유키는 금세 으쓱해져 일어나 앉았다. 축구나 야구 시합을 할 때면 유키를 향한 함성이 터졌다. 공부는 잘하지 못해도 운동만큼은 지고 싶지 않아 죽기 살기로 뛴 덕분이다.

"유키, 엄마도 오늘 기분 좋은 일이 있었어. 동네 엄마들이랑 티타임을 가졌거든. 사람들이 얼마나 배려심 많고, 수준도 높은지 대화가 끊이질 않았어. 마을 공동체 사업에도 참여하래."

대학 다닐 때 일본인 친구를 사귀고, 함께 여행한 이후로 엄마는 일본 문화에 관심을 두었다고 했다. 아빠가 이곳 나가사키에 있는 회사로 발령이 났을 때, 엄마는 기뻐하며 일본에 관한 책을 몇 권이나 쌓아 놓고 공부했다.

유키는 일본에서 사는 게 좋지도 싫지도 않았다. 일부러 외국으로 유학을 가기도 하니까. 유키라는 이름은 일본어 선생님이 지어 준 이름이다.

"참, 유키. 내일 야외 학습 간다며?"

"응."

"어디로 간대? 도시락은?"

"하시마 섬. 역사 수업하러 우리 반만 가는 거야. 다녀와서 학교에서 점심 먹는대."

"어디?"

엄마가 이마를 살짝 찌푸렸다. 운전에 신경 쓰느라 잘 못 들은 듯했다.

"하시마 섬. 섬 모양이 군함을 닮아서 '군칸지마'라고 한대."

"아아, 군함도."

저녁마다 오는 일본어 선생님이 돌아가고, 잠시 쉬는데 전화벨이 울렸다.

"네, 아버님. 잘 다니고 있어요. 내일은 야외 학습 간대요."

함양 할아버지의 전화다. 전화를 받으라고 할까 봐, 유키는 방에서 나가지 않았다.

"군함도에 간다네요. 알고 있어요, 그 일은. 하지만……."

엄마가 목소리를 낮추는지 잘 들리지 않았다. 전화를 끊고 엄마는 한숨을 내쉬었다. 할아버지는 좀 답답하다. 어릴 적 돈 번다고 떠난 형을 기다리느라, 여태껏 하루도 집을 비우지 않으셨단다.

"참, 엄마. 하시마 섬에 관한 자료 뽑았어?"

유키는 방에서 나가지 않고 큰 소리로 물었다. 수업과 관련한 자료를 일본어로 출력해서 함께 공부해야 일과가 끝난다. 내일은 특히나 야외 학습을 가니 빼먹을 리가 없다.

엄마가 출력한 종이 몇 장을 들고 방으로 들어왔다. 유키는 저절로 어깨가 처졌다.

"그냥 뭐……."

엄마는 손에 든 종이를 잠시 들여다보다가 반으로 접었다.

"별거 없어. 선생님 말만 잘 들으면 돼. 선생님 꼭 따라다니고."

"앗싸!"

공부하지 않아도 된다는 말에 유키는 얼른 침대로 몸을 던졌다.

2. 선조의 유산

"저기가 바로 하시마 섬입니다!"

나가사키에서 하시마 섬은 그리 멀지 않았다. 안내 방송이 나오자 어른들이 자리에서 일어섰다. 아이들도 어른들 틈에 끼여 하시마 섬을 보았다.

"어, 어……. 저게 뭐야?"

아이들의 웅성거림이 점점 커졌다. 유키도 고개를 갸웃했다. 파도가 하얀 거품이 되어 군데군데 부딪히는 하시마 섬은, 섬이라고 하기에는 너무 작았다. 거무튀튀하고 우중충한 아파트만 보여서 섬 전체가 마치 아파트 단지 같았다.

배가 점점 섬에 가까이 다가갔다. 섬은 기다랗고 높은 회색 시멘트벽으로 둘러쳐 있었다. 벽을 따라 빙 둘러보니 정말 군함을 닮았다. 그것도 어딘가 고장이 나서 오랫동안 세워 두기만 한 군함.

군함 안 아파트 건물들은 공포 영화에 나오는 폐가처럼 무너지다 남은 기둥만 우뚝 서 있었다. 나무 하나 보이지 않았다.

"귀신들 사는 곳 같아."

"우리 단체로 납치되는 거 아냐?"

아이들은 호들갑을 떨었다. 보다 못한 히토미 선생님이 큰 소리로 말렸다.

"저 섬은 아주 오래된 곳이에요. 배에서 내리면 문화 해설사가 자세히 설명해 줄 거예요. 유적지를 대할 때는 겉으로 드러난 것만 보면 안 된다고 했죠?"

집게손가락을 입에 대고 조용히 하라고 타이른 뒤, 선생님은 두 손을 가지런히 모아 섬을 향해 섰다. 아이들도 슬슬 따라 했다.

"저런 걸 보려고 이 많은 사람이 오는 거야?"

미오가 유키에게 속삭였다. 짝꿍 미오는 호기심이 많은 만큼 말도 많은 아이다.

"그러게 말이야."

유키는 미오와 마주 보며 웃었다.

"바보들. 우리 일본의 중요한 역사적 장소라잖아. 유키, 남의 나라 유적지를 보고 웃다니 너무 예의 없는 거 아냐?"

준이치가 옆에서 팔짱을 끼고 말했다.

"난 유적지를 보고 웃은 게 아니야. 잘 알지도 못하면서 말하는 게 더 예의 없는 것 같은데!"

유키는 미오 앞에서 기죽기 싫어 되받아쳤다. 엄마는 준이치와는 되도록 맞서지 말라고 했다. 아버지가 시 의원이고, 어머니가 학교 운영 위원인 준이치는 어른들에게 늘 칭찬받는 모범생이다.

비록 나라는 달라도 아이들은 서로 통해 금방 친해질 거라던 엄마의 말이 모든 아이에게 통하는 건 아니었다. 준이치와는 오랜 원수 사이처럼 관계가 편하지 않았다.

선생님이 유키와 준이치의 어깨를 토닥였다. 준이치가 얼른 하시마 섬을 향해 두 손을 모으고 섰다.

배가 드디어 선착장에 도착했다. 선착장은 너무 좁아서 모두 한꺼번에 내릴 수 없었다. 일부 어른들이 먼저 한 줄로 선착장을 지나 섬 안으로 들어갔다. 그다음에는 아이들이, 아이들을 보호하듯 어른들이 뒤를 이었다.

"유네스코 세계 문화유산으로 등재된 하시마 섬에 오신 걸 환영합니다!"

사람들이 광장에 다 모이자, 문화 해설사는 높은 목소리로 인사했다. 어른들의 탄성이 커졌고 아이들은 서로 마주 보며 눈을 동그랗게 떴다.

"저 돌덩어리들이 세계 문화유산이라고?"

미오가 또 낮게 속삭였다. 선생님의 시선이 느껴져 유키는 미오를 툭 치며 해설사를 향해 고개를 들었다.

"지금은 사람이 살지 않아 무인도가 되어 버린 곳이지만, 이 하시마 섬에는 100여 년 전에 이미 아파트가 지어졌고, 전성기 때는 도쿄보다 더 번성했던 곳입니다. 이 섬에서는 바닷속 석탄을 캤어요."

"바닷속 석탄을 캤다고요?"

해설사가 말하고 있는데 한 아이가 손을 들어 질문했다. 아이들은 아파트보다 바닷속에 관심이 더 쏠렸다.

"네, 그렇습니다. 이곳은 탄광촌으로 석탄 산업이 발달해 많은 사람이 아주 행복하게 일하며 삶을 즐겁게 누렸던 곳입니다. 그 시대에 아파트와 병원이 있고, 학교도 있고, 여러 시설이 모여 있었습니다. '일본의 미래'라 불렸던 곳이죠."

해설사가 침을 삼키는 사이에 어떤 아이가 또 손을 들었다.

"사람이 바닷속에 들어가서 석탄을 캤어요? 숨은 어떻게 쉬고요?"

"잠수함을 타고 갔나요?"

"와, 멋지다."

"그 사람들이 이 아파트에서 살면서 행복하게 일한 거지요?"

아이들은 마치 애니메이션에서 봤던 바닷속 장면들을 상상하는 것 같았다. 유키도 헤엄치는 인어 공주 옆에서 석탄을 캐는 사람들의 모습을 상상했다.

"아, 잠깐만요! 그게 중요한 게 아닙니다."

해설사는 아이들의 질문에 당황했다. 자신이 준비한 말들이 더 중요하다는 듯이 목을 가다듬고 목소리를 높였다.

"우리 선조들은 일찍이 서구의 기술 문명을 받아들여 우리의 기술로 발전시켜 세계 최강의 나라가 되도록 노력했습니다. 메이지 산업 혁명 유산은 그 노력의 위대한 결과입니다. 여러분이 힘들 때, 우리의 문화유산들을 기억하세요. 새로운 기운이 솟아날 겁니다. 역사는 그래서 중요하지요. 내가 지금 여기 서 있을 수 있는 이유니까요."

스스로 감동한 듯 해설사의 목소리가 떨렸다.

바닷속을 상상하던 아이들은 곧 해설사의 말에 빠져들었다. 선조들이 이 작은 섬에 해저 탄광을 만들고, 현대식 건물을 짓고 앞선 삶을 살았다는 말에 아이들은 감격하는 듯했다.

고개를 끄덕이던 어른이 아이들을 돌아보며 말했다.

"우리의 미래가 여기 있네요."

아이들은 눈망울을 반짝이며 어른들을 올려다보았다.

"자, 이제 이곳을 둘러볼 텐데요. 다들 보시다시피 이 안으로는 들어갈 수 없습니다."

해설사가 뒤에 있는 안전 펜스를 가리켰다. '출입 금지'를 알리는 푯말 뒤로 쇠로 만든 울타리가 네 줄로 단단하게 고정되어 있었다.

유키는 고개를 저었다. 들어가라고 등을 떠밀어도 안 갈 것이다. 언제 무너질지 모르는 건물 더미로 누가 들어갈까.

"자, 이제 견학 통로를 따라 자유롭게 둘러보십시오. 높은 아파트에서 저 푸른 바다를 보며 삶을 즐겼던 당시 사람들의 모습도 떠올려 보시고요."

해설사의 말에 사람들은 끼리끼리 모여서 관람을 시작했다. 그제야 물러나 조용히 서 있던 선생님이 아이들을 불러 모았다.

"해설사 아저씨의 설명 잘 들었나요?"

"네. 우리 선조들의 위대함을 또 알았습니다."

준이치가 큰 목소리로 대답했고, 다른 아이들도 고개를 끄덕였다. 선생님이 활짝 웃으며 말했다.

"지금부터 20분 정도 섬을 둘러보고 여기에 다시 모이는 거예요. 그리고 금요일 활동 보고 시간에 하시마 섬에 관해 이야기 나누어 봐요."

"네!"

선생님 말이 끝나자, 아이들은 가방에서 작은 노트와 연필을 꺼내고 휴대 전화도 꺼냈다.

유키도 휴대 전화 카메라를 켰다.

"유키, 우리 저쪽으로 가 보자. 바다가 더 잘 보인대."

미오가 유키의 팔을 잡았다.

"먼저 가. 난 저 건물 좀 찍고."

"알았어."

미오가 어른들의 뒤를 따라갔다. 유키는 안전 펜스 가까이 다가갔다.

'100여 년 전이면 언제야? 다 무너진 아파트도 문화유산이 되는구나.'

안전 펜스 가까이 가니 시멘트 조각들이 널브러져 있고, 철근이 그대로 드러난 높고 낮은 우중충한 건물들이 더 잘 보였다.

유키는 해설사가 말했던 옛 모습을 상상하며 사진을 찍었다. 선생님이 유키를 보며 고개를 끄덕였다. 잘하고 있다는 뜻이다. 유키는 신이 나서 사진을 찍고 확인하고, 또 찍었다. 미오가 있는 곳으로 가려고 마지막으로 건물을 확대해 찍었다.

3. 돌아가라

유키는 찍은 사진을 확인하고 휴대 전화를 주머니에 넣다가 불현듯 이상한 생각이 들어 마지막 사진을 다시 열어 보았다.

"어? 누구지?"

사진에는 건물 앞을 지나가는 누군가가 찍혀 있었다.

"들어가지 말라고 했는데……."

선명한 모습은 아니지만, 자신보다 좀 큰 아이였다. 까까머리 아이는 소매가 없는 셔츠에 무릎까지 오는 통이 넓은 바지를 입고 있었다. 유키는 고개를 갸웃하며 사진을 찍은 건물을 바라보았다.

갑자기 매캐한 냄새가 풍기며 다리에 힘이 풀렸다. 뭔가 이상했다. 주변 풍경이 조금 전과 달라진 듯했다.

"이 조센징 새끼가!"

유키가 고개를 드는 순간, 사진 속 아이의 목덜미를 잡아채며 한 남자가 소리쳤다. 아이가 휘청하며 쓰러졌고, 그 남자는 손에 든 채찍으로 아이의 몸을 사정없이 때렸다.

"아악!"

소리친 건 유키였다. 너무 놀라운 광경에 유키는 몸을 부르르 떨다가 뒤돌아 소리쳤다.

"도와주세요! 아이가 맞고 있어요! 어……."

사람들이 다 어디로 갔을까. 아무도 보이지 않았다.

"흥, 도망을 가? 갈 테면 가 봐. 여기가 어딘 줄 알아? 망망대해에 떠 있는 섬이야, 섬. 이 섬에서 한 발자국이라도 나간다면 너도 물고기 밥이 되겠지. 하지만 지금은 아니야. 너희를 데려오느라 쓴 돈은 벌어 주고 가야지. 흐흐흐……."

군인은 아닌 것 같은데, 제복을 입고 있는 남자는 비열한 웃음을 흘리며 아이를 질질 끌고 갔다. 아이는 정신을 놓았는지 신음도 내뱉지 않았다.

이대로 두면 아이는 정말 죽을지도 모른다. 유키는 다시 뒤를 돌아보았다. 도와줄 사람은 아무도 없었다.

유키는 안전 펜스를 타고 올라가서 반대쪽으로 내려갔다.

그사이 남자와 아이가 건물과 건물 사이로 사라졌다. 유키는 있는 힘을 다해 그들을 쫓아 뛰었다. 건물을 돌아서니, 남자가 쓰러져 있는 아이의 몸 위에 물을 퍼붓고 있었다.

순간, 유키는 손에 쥐고 있던 휴대 전화의 카메라를 켰다. 혼자 힘으로는 아이를 구할 수 없을 듯했다. 사내가 발로 아이의 몸을 흔들다가 찰 때, 찰칵 사진을 찍었다.

"뭐야!"

남자가 휙 고개를 돌리며 소리쳤다. 유키는 얼른 휴대 전화를 웃옷 주머니에 넣었다.

"넌 누구지?"

사내의 목소리는 아까보다 누그러져 있었지만 유키는 무서웠다.

"유키……."

"아, 저 아파트에 사는 아이구나. 이리로 들어오면 안 된다고 어른들이 말하지 않던? 여기는 어린 황국 신민이 들어올 곳이 아니란다. 얼른 가거라."

'저 아파트? 아파트는 다 무너졌는데…….'

유키는 머리를 갸웃했다.

"아니에요. 저는 배를 타고 왔어요."

"하루가 멀다고 이사를 오는군. 하긴, 나날이 석탄 생산량이 늘고 살기 좋으니……."

도대체 남자가 무슨 말을 하는지 이해할 수 없었다. 유키는 주위를 돌아보았다. 아까 보았던 거무튀튀한 아파트들은 사라지고, 탄광 자리였던 빈 공터에 지붕이 낮은 집들이 공장처럼 이어져 있었다.

바위산도 우뚝 솟아 있었다. 바위산 아래에는 까만 돌가루가 가득 쌓여 있고, 기다란 굴뚝에서는 까만 연기가 피어올랐다. 아파트 몇 동이 바위산 뒤와 옆으로 보였다. 유키는 어지러워 머리를 흔들며 잠시 눈을 감았다가 떴다.

"으……. 으윽……."

아이가 신음을 내며 조금씩 움직였다. 유키는 반가워 아이에게 달려갔다.

"얘, 괜찮아? 어떡하지. 엄청 아프겠다……."

핏물이 스며 나오는 아이의 몸을 건드리지도 못하고 유키는 안절부절못했다.

"왜 어린아이를 때려요?"

유키는 도저히 참을 수 없어서 남자에게 대들었다.

"그야 석탄을 안 캐고 도망가려고 했으니까. 아니, 왜 이리로들 오는 거야. 이 조센징들이!"

남자가 갑자기 고함을 쳤다. 쓰러진 아이 주위로 사람들이 하나둘 모여들기 시작했다. 형이라고 불러도 될 정도로 젊은 남자부터 나이 지긋한 아저씨들까지. 모두 머리에는 램프가 달린 작업 모자를 쓰고 옷은 다 벗은 채 훈도시(일본 전통 남성 속옷)만 입고 있었다.

"노다 소장님, 오늘 이 아이는 작업에서 빼 주십시오. 저희가 석탄 할당량을 채우겠습니다."

갈비뼈가 앙상하게 드러난 아저씨가 두 손을 모으고 허리를 굽혔다. 주위에 있던 사람들도 허리를 굽혔다.

'어, 일본 말을 하네. 분명 조센징이라고 불렀는데. 조센징은 일본 사람들이 한국 사람들을 낮추어 부르던 말이라고 했는데……'

유키는 도대체 어떻게 된 일인지 감이 오질 않았다. 감기약을 먹었을 때처럼 붕 떠 있는 느낌이다.

'해설사는 한국 사람이 살았다는 말은 하지 않았는데……'

"무슨 소리야! 도망치다 붙잡혀 왔는데 쉬다니. 이 녀석 찾느라고 교대 시간도 늦었잖아! 쓸데없는 소리 하지 말고 모두 얼른 내려가!"

연신 고함을 치던 노다 소장은 화가 났는지, 채찍을 들어 땅바닥으로 내리쳤다. 아저씨들이 움찔하며 뒤로 물러섰다.
 "소장님, 도쿄에서 전화가 왔습니다."
 "알았어. 이것들 빨리 내려보내!"
 노다 소장이 건물 안으로 들어가자, 마른 몸을 잔뜩 구부린 아저씨들이 차례로 수레에 올라탔다. 수레는 여러 대가 기차처럼 연결되어서 덜커덩거리며 굴속으로 들어갔다.
 노다 소장에게 말하던 아저씨가 쓰러진 아이를 일으켰다. 유키는 절뚝거리며 걷는 아이를 옆에서 같이 부축했다.
 "어디로 가는 거예요?"
 유키가 주위를 둘러보며 물었다.

"막장."

아저씨가 힘없이 대답했다. 유키는 막장이 무슨 말인지 몰랐지만, 아저씨의 한숨 소리에 힘든 곳이란 것을 짐작했다.

"마루야, 걸을 수 있겠나?"

"야아, 용수 아재가 내 땜에 욕 봤지예……."

"말하는 거 보이 안심이 되네. 승강기 탈 때 어지러울 테니 내 팔을 단디 잡아라이."

다른 아저씨들처럼 수레를 타지 않고, 계단을 올라갔는데 다시 아래로 내려가는 계단이 보였다. 그 계단을 내려가 어두컴컴한 길을 걷다가 아저씨가 멈췄다.

용수 아저씨는 마루와 허리에 줄을 묶고 네모난 통 안으로 들어갔다. 용수 아저씨가 말한 승강기인 듯했다. 마치 아파트 엘리베이터 같았다. 그런데 이 승강기는 철근을 대충 이어서 만들었는지 구멍이 숭숭 뚫려 있었다.

'설마 이걸 타고 저 밑으로 내려가는 거야?'

유키는 순간 겁이 덜컥 났다.

"게으른 조센징들, 빨리 타란 말이야! 어, 너는 누구냐?"

관리인이 소리치다가 유키를 보며 물었다.

"이 아이를 도와주려고요. 아픈 아이를 보고 모른 척하면 안 된다고 히토미 선생님이 늘 말했거든요. 오늘은 야외 학습 날이라 모두 체험하고 있어요."

유키는 눈에 힘을 주고 말했다.

"석탄 캐는 야외 학습도 하나?"

관리인이 어리둥절해서 혼잣말했다.

"누군지는 모르지만……. 돌아가라. 위험하다."

마루가 떠듬떠듬 일본 말로 유키에게 말했다.

4. 바닷속 탄광

유키는 한 발을 승강기에 걸친 채 망설였다. 바다 밑에서 석탄을 캔다고 했다. 얼마나 깊은 곳인지 몰라 겁이 났다.

"탈 거야, 말 거야? 밖에 석탄 쌓아 놓은 걸 보든지."

관리인이 귀찮다는 듯 소리쳤다. 먼저 승강기에 탄 사람들이 유키를 멍하니 보았다.

몇 달은 굶은 듯 앙상하고 파리한 몸, 공포에 질린 불안한 눈동자. 유키는 눈앞에 있는 사람들이 누구인지 궁금했다. 그리고 어려움에 부닥쳐 있다면 자신이 도와줘야 한다고 생각했다.

"왜 아직도 서 있는 거야?"

노다 소장이 관리인에게 소리를 지르며 승강기로 다가왔다. 노다 소장이 한 발, 두 발 가까이 다가올수록 유키는 불안했다. 유키는 얼른 승강기에 올라탔다. 관리인이 단추를 눌렀다.

"야, 너 나와! 거기는 어린아이가 갈 곳이 아니야!"

노다 소장이 소리치는 것과 동시에 승강기가 순식간에 밑으로 떨어졌다. 늘 타던 엘리베이터보다 속도는 느렸지만 컴컴한 지하로 빨려 들어가는 것 같아 무서웠다.

마루가 덜덜 떨리는 유키의 손을 잡아 주었다. 유키도 마루의 손을 꽉 잡았다. 작업모에 달린 불빛에 사람들의 얼굴이 어렴풋이 보였다. 툭 튀어나온 광대뼈, 퀭한 눈. 마치 귀신을 보는 것 같은데도 유키는 왠지 무섭지 않았.

'그래, 사진을 찍어야겠어. 히토미 선생님께 보여 주면 분명 도와줄 거야.'

텅! 소리와 함께 승강기가 멈췄다.

"왜 이렇게 늦었어!"

고함과 함께 채찍으로 벽을 치는 소리가 굴 안을 울렸다.

"빨리 움직여!"

또 채찍 소리. 사람들이 허둥대며 걸음을 재촉했다. 굴 한쪽에는 수레가 다니는 길도 있었다.

유키는 이리저리 살피며 굴 안의 불빛을 따라 발을 옮겼다. 불빛이 흐려서 빨리 걸을 수 없었다.

발밑은 검은 물이 흘러 미끄덩거렸고, 뾰족한 돌부리에 걸려 넘어질 뻔했다. 점점 불빛이 사라지고 캄캄해져서 앞사람을 놓치지 않으려면 발뒤꿈치를 밟으며 따라갈 도리밖에 없었다.

굴은 점점 좁아지면서 가팔랐다. 유키는 허리를 구부리고 주위에 잡을 것이 있는지 팔을 뻗어 보았다. 양팔을 다 뻗지도 않았는데 손에 굴 벽이 닿았다.

유키는 몸을 더 낮춰서 엎드렸다. 천장이 낮아 할 수 없이 네발짐승처럼 기어서 천천히 걸어야 했다. 다리가 후들거리고 손에서 힘이 빠져나갔다. 발을 잘못 내디디면 절벽 아래로 떨어질 것만 같았다. 쉬다가 다시 기어가기를 반복했지만, 가도 가도 끝이 없었다.

가슴이 답답하고 목이 메어 와 돌아가고 싶었지만, 돌아갈 방법도 없었다.

'해저 탄광!'

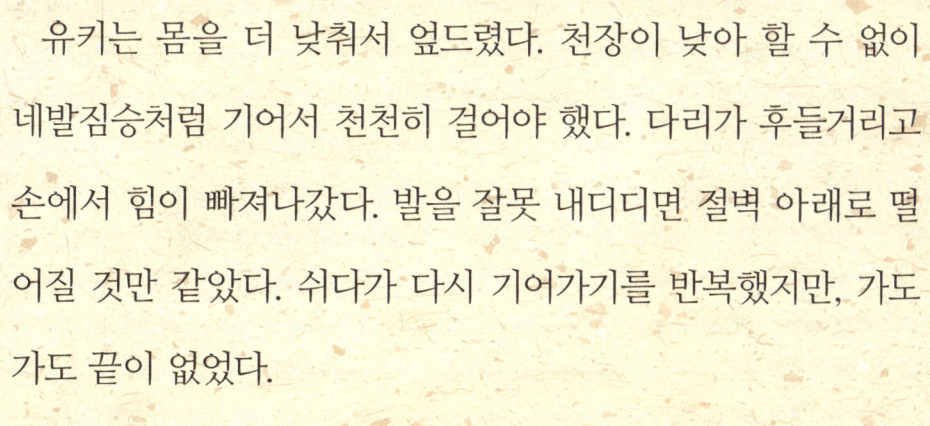

유키는 그제야 어찌 된 영문인지 알 수 없지만, 자신이 말로만 듣던 해저 탄광에 있다는 사실을 깨달았다. 하시마 섬 거대한 바위 한가운데, 깊은 바닷속으로 들어가는 것이다.

순간, 유키는 파도에 휩쓸린 듯 몸이 떨리며 오줌을 질질 흘리고 말았다.

창피했다. 엄마가 보고 싶고, 울고 싶었다.

"마루야, 용수 아저씨……."

분명 근처에 있을 텐데, 아무도 대답하지 않았다. 1시간도 더 땅속으로 내려온 것 같았다.

"땅, 땅, 땅!"

쇠가 어딘가에 부딪히는 소리가 조금씩 들려왔다. 몇 개의 불빛이 약하게 흔들거렸다. 드디어 사람들이 있는 곳에 가까이 온 듯했다.

'휴, 살았다.'

그런데 사람들의 모습은 보이지 않고 또 다른 구멍이 어렴풋이 보였는데 네발이 아니라, 배를 밀거나 등으로 기어가야 할 정도의 크기였다.

"땅, 땅, 땅!"

또 소리가 났다. 유키는 엎드려서 구멍 속으로 몸을 집어넣었다. 손바닥과 무릎에 돌 파편이 파고들어서 너무 아팠다.

굴속은 너무 더워서 땀이 줄줄 흘렀다. 석유 냄새 같은 이상한 냄새가 코를 찔러 머리가 아프고 속이 울렁거렸다. 겨우겨우 기어가니 아저씨들이 하나둘 보였다.

아저씨들은 땅바닥에 누운 채 쇠 곡괭이로 굴 윗벽을 치고 있었다. 어떤 아저씨는 옆으로 누워서 옆 벽을 곡괭이로 내리쳤다. 벽에서 돌이 떨어졌고, 아저씨들은 몸을 움츠려 피했다가 그 돌을 대바구니에 담았다. 아저씨들의 온몸은 시커멓고 땀범벅이었다. 여기저기서 기침 소리가 끊이지 않았다.

"이게 석탄이에요?"

유키도 엎드린 채 물었지만 아무도 대답하지 않았다. 유키는 마루를 찾으려고 더 기어갔다. 땅땅 벽을 울리는 소리 사이로 어! 어! 하며 겁을 먹은 아저씨들의 목소리에 유키도 몸을 움츠렸다.

"크르릉, 크르릉!"

굴이 마구 흔들리다가 돌이 쏟아져 굴러가는 소리가 들렸다.

"으윽! 아이고……."

사람들의 신음이 이어졌다.

"김씨, 괜찮아?"

"박씨도 머리에 돌을 맞았구먼."

캄캄한 어둠 속에서 아저씨들은 서로를 걱정했다.

"조용히 못해!"

감시관이 소리를 빽 질렀다.

"이깟 돌 떨어지는 게 대수야. 빨리 일해. 할당량 못 채우면 굴 밖으로 나갈 수 있을 것 같아?"

아저씨들은 끙끙거리며 곡괭이를 집어 들었다.

"땅. 땅. 땅!"

굴 안은 곡괭이가 벽을 두드리는 소리로 가득했다. 유키는 아저씨들 사이로 점점 더 굴을 내려가 보았다.

"마루야, 저쪽에 좀 앉아 쉬어라. 감시하는 놈 오면 하는 척 하고……."

용수 아저씨의 목소리였다. 유키는 반가운 마음에 서둘러 소리 나는 쪽으로 기어갔다.

"마루야!"

"어, 여기까지 왔나? 쿨럭. 쿨럭……."

마루는 몸을 덜덜 떨며 기침했다. 굴 안은 너무 더운데 마루는 추운 것 같았다. 유키는 웃옷을 벗어서 마루의 등을 덮어 주었다.

"감시관한테 말해서 돌아가라. 다친다."

마루는 힘이 다 빠진 목소리로 유키를 걱정했다.

"너랑 같이 돌아갈래. 여기 좀 누워 있어. 내가 해 볼게."

유키는 마루의 곡괭이를 뺏어 들었다. 마루가 멍하니 유키를 보았다. 마루의 작업모에 달린 불빛이 유키의 얼굴을 비췄다.

"우리말을 잘하네."

"으응, 한국에서 오래 살았어."

유키는 마루가 혼란스러워할까 봐 자세히 말하지 않았다.

유키는 곡괭이로 앞에 있는 벽을 내리쳤다. 곡괭이가 부딪히는 소리만 날 뿐, 돌가루 하나 떨어지지 않았다.

 유키는 더 힘껏 내리쳤다. 작은 돌멩이가 튕겨서 유키의 머리를 때렸다.
 "이거 써라."
 마루가 자신의 작업모를 풀어서 유키의 머리에 씌워 주었다. 작업모 불빛에 마루의 얼굴이 비쳤다. 마루가 슬쩍 웃으며 말했다.
 "너 꼭 내 동생 같다. 눈썹도 짙고, 고집도 세고……."
 유키는 다시 벽을 내리쳤다. 주위의 아저씨들처럼 거친 숨소리가 절로 나왔다.

숨을 들이마실 때마다 굴에 가득 찬 가스 때문에 토할 것 같았다.

"바닷물이다! 바닷물이 들어온다!"

어디쯤에선가 아우성치는 소리가 굴을 울렸다. 하지만 피할 곳 없는 굴에서 아저씨들은 어찌할 줄 모르고 모여들었다.

"조용히 해! 어디로 가는 거야?"

"윽!"

채찍에 맞았는지 아저씨들의 신음이 이어졌다.

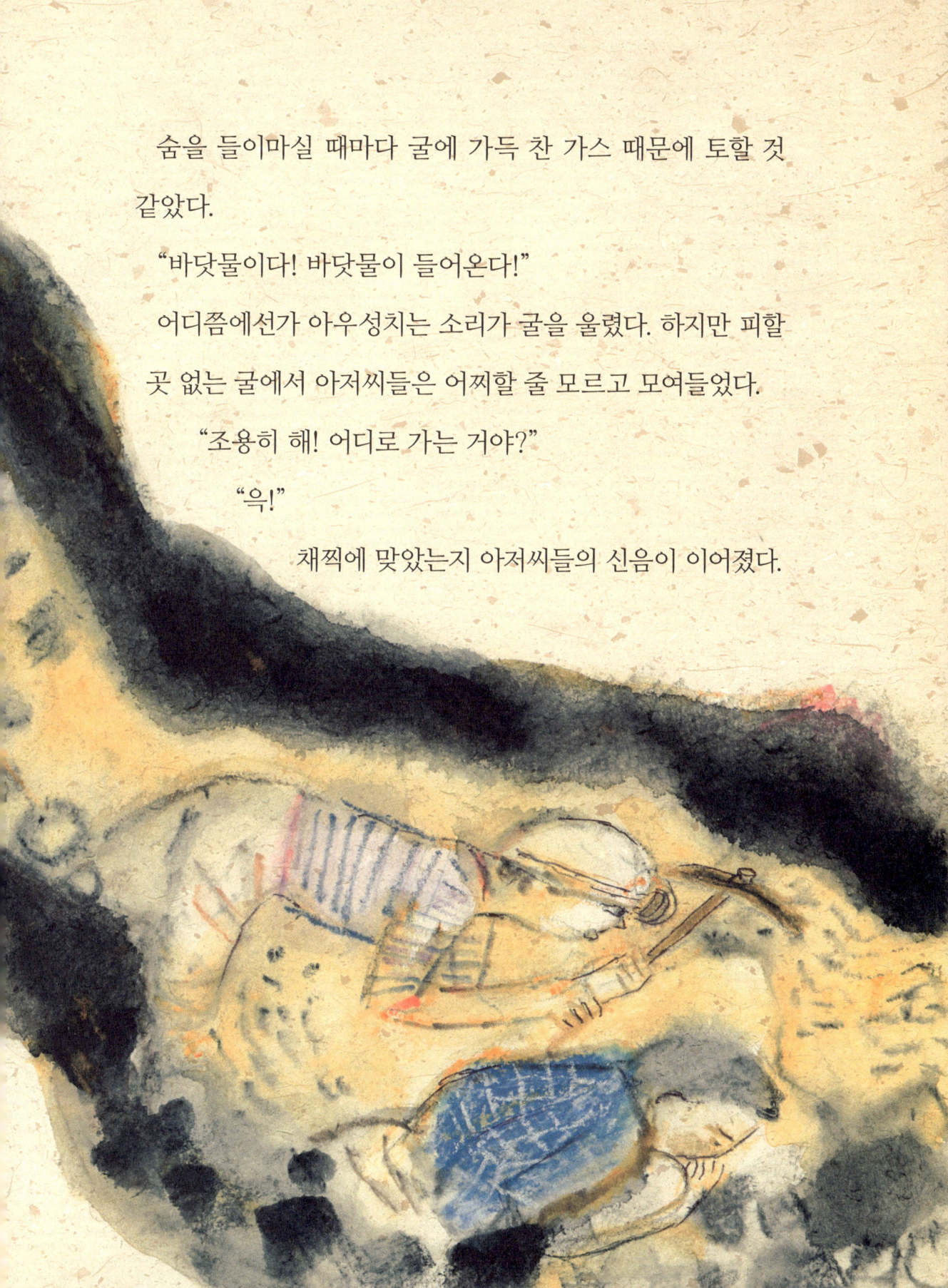

유키는 해저 탄광이란 말을 이제야 실감했다.

"차라리 저 바닷물에 쓸려 떠내려가면 좋겠다. 쿨럭, 쿨럭……."

마루의 기침이 한참이나 계속되었다. 유키는 마루를 꼭 병원에 데려가리라 다짐했다.

"점심이다."

감시관이 나타나 주먹밥을 하나씩 나눠 주었다. 일하던 사람들의 시커먼 손에 주먹밥 한 개가 쥐어졌다. 유키는 망설이다가 너무 배가 고파서 작업 모자를 벗고 주먹밥을 먹었다.

"퉤!"

유키는 주먹밥을 조금 씹다가 뱉어 버렸다. 밥이 아니었다. 까끌까끌한 쌀 껍질을 뭉쳐 놓은 것 같았다. 유키를 바라보는 사람들의 눈빛이 날카로웠다.

"이걸 어떻게……."

유키는 주먹밥을 정신없이 먹는 마루를 보며 말을 삼켰다.

"유키라고 했재. 일본 사람들은 이런 것도 체험하라고 하나? 이게 무슨 애들 놀인 줄 아나?"

가까이 있던 용수 아저씨가 화를 참으며 일본 말로 말했다.

유키는 한국말로 답했다.

"사실은 체험하러 온 거 아니에요. 마루가 맞고 있어서 도와주려고 왔다가……. 그리고 제 원래 이름은 도윤이에요."

"도윤이?"

"네. 저는 일본 사람이 아니고 한국 사람이에요."

마루와 용수 아저씨가 눈을 끔벅였다.

유키는 눈 깜짝할 사이에 주먹밥을 먹은 마루에게 자신의 주먹밥을 주었다. 마루는 아직도 배가 고픈지 허겁지겁 먹었다. 아저씨들도 주먹밥을 다 먹고 곡괭이를 집어 들었다.

"저놈들 발악하기 전에 일해야지."

"아저씨들은 왜 여기서 매를 맞으면서 일해요? 죄를 지어서 벌을 받으러 온 거예요?"

아무리 생각해도 사람이 사람을 때리고, 밥도 제대로 주지 않으면서 이 좁은 탄광에서 일만 시킨다는 걸 이해할 수 없었다.

"죄? 허어……. 죄를 지었지. 나라를 빼앗겼으니 아주 큰 죄를 지었지."

용수 아저씨가 고개를 떨어뜨렸다.

"저놈들 죄는? 우리나라를 뺏은 것도 모자라 전 세계를 삼키려고 또 전쟁을 일으키고, 군수 물자를 충당하려고 사람들을 강제로 끌고 와서 이 지옥 같은 곳에서 석탄을 캐게 하는 저놈들 죄는! 천벌을 받을 놈들."

울분을 토하는 다른 아저씨의 말을 들으며 유키는 고개를 갸웃했다. 우리나라를 빼앗겼던 때는 아주 오래전 일이라고 배웠다. 아마도 이 사람들은 섬에 갇혀 있어서 모르는 것 같았다.

"아저씨, 우리나라는 오래전에 독립했어요."

"뭐시여?"

곡괭이를 들었던 아저씨들이 유키 주위로 모여들었다.

5. 마루의 소원

"그게 참말이여?"

"언제, 언제 독립했단 말이고?"

"근데 왜 아적도 우리를 안 찾는당가?"

우는 아저씨도 있고, 가슴을 치는 아저씨도 있고, 두 손을 맞잡는 아저씨도 있었다. 마루는 믿을 수 없다는 듯 흔들리는 눈빛으로 유키를 뚫어지라 쳐다보았다.

"해설가 아저씨가 이제 이 섬에는 아무도 살지 않는다고 그랬어요. 더욱이 한국 사람들이 강제로 끌려왔다는 말은 들은 적도 없어요."

"뭐? 아무도 없어? 우리는 사람도 아니여?"

"강제로 끌고 왔다고 말하면 지들 죄를 인정하는 건디, 고렇게 말 안 하지!"

"우리가 여기 있다고 알려야 할 텐데. 우리 어머니 돌아가시기 전에 가야 하는데."

"어쩌누, 저 노다 소장은 살쾡이 같이 지키고 있고……."

"몇 푼 안 되는 급료 주면서 이것저것 다 떼고, 돈 한 푼 제대로 받아 보지도 못했는데, 이제 빈손으로 가야 하는겨?"

아저씨들의 한숨과 울먹임이 막장에 퍼져 나갔다.

"일 안 하고 떠드는 놈들이 누구야!"

감시관의 화난 목소리가 점점 다가왔다.

"얼른 일들 하세. 어쨌든 오늘 밤에 대책을 세우자고."

아저씨들은 곡괭이를 들고 흩어져서 벽을 두드렸다. 마루도 앞에 있는 벽을 힘없이 치다가 멈췄다. 유키는 떨어진 석탄 조각들을 대바구니에 담았다.

"도윤아……."

마루가 힘없이 유키를 불렀다. 마루에게 덮어 주었던 유키의 옷이 바닥에 떨어져 있었다. 옷을 다시 덮어 주려고 마루의 어깨에 손을 대다가 유키는 깜짝 놀랐다. 마루의 몸이 너무 뜨거웠다.

"괜찮아?"

"그게……. 으으, 푸악……."

마루가 말하다가 토악질했다. 급히 먹었던 주먹밥이 다 쏟아져 나왔다.

"하아, 하아……. 도윤아……."

마루는 숨도 제대로 쉬지 못했다.

"어, 어. 여기 좀 누워 봐. 어떡하지? 여기 좀 도와주세요!"

마루가 유키의 손을 잡았다.

"불러봤자 소용없다. 진짜로 우리나라가 독립한 거재? 진짜재? 내 이름은 차마루고, 열네 살. 쿨럭, 쿨럭……. 지리산 밑 함양읍 수동이라는 데에 살았다. 우리 엄니한테 소식 좀 꼭 전해도. 부탁……."

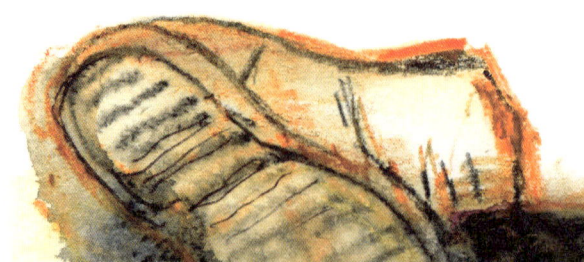

마루는 금방이라도 정신을 놓을 것 같았다.

"알았어. 알았어. 내가 알려 줄게. 아니 내가 데려다줄게."

마루가 희미하게 웃었다.

"어느 날, 큰 트럭이 마을에 와서는 남자들은 다 타라고 했다. 동원령이 떨어졌다고. 돈도 준다고. 돈을 준다는 말에 숨어 있다가 차에 탔다. 엄니랑 동생들에게 돈을 보내 주려고 했는데……."

마루는 바닥에 쓰러진 채 중얼거렸다.

"도와주세요! 도와주세요!"

유키가 악을 썼다. 감시관이 나타났다.

"마루가 죽을 것 같아요. 제발 도와주세요."

감시관이 발로 마루를 흔들었다. 마루는 감시관의 발에 밀리며 신음을 냈다.

"에잇, 재수 없게. 이놈을 올려 보내!"

용수 아저씨가 마루를 안고 기다시피 하며 겨우 승강기가 있는 곳으로 갔다. 유키가 먼저 승강기에 올라타고 용수 아저씨가 마루를 유키의 다리 사이로 눕혔다.

"아저씨, 제가 아저씨들이 여기 있다고 알릴게요. 꼭이요."

천천히 땅 위로 올라가는 승강기를 보며 용수 아저씨가 힘없이 손을 흔들었다.

"크르릉, 크르릉!"

"굴이 무너진다!"

"빨리 여기서 나가야 해!"

아저씨들의 아우성과 감시관들의 고함이 굴에 퍼져 나갔다.

승강기가 천천히 위로 올라갔다. 저 밑에서는 굴이 무너진다고 아우성을 치는데 승강기는 들은 체도 않고 위로, 위로 올라갔다. 유키는 가슴이 떨려 마루의 몸을 안고 흐느꼈다.

승강기가 갑자기 텅! 하고 멈췄다. 유키는 마루를 끌어내려서 자신의 어깨에 마루의 한쪽 팔을 걸쳤다.

"마루야, 저 계단만 올라가면 돼. 조금만 힘내!"

유키의 말을 알아들었는지 마루가 신음을 냈다. 유키와 마루는 컴컴한 터널을 지나 계단을 올라갔다. 유키가 한 계단 오르면, 마루가 다리를 끌며 따라 올라왔다. 조금씩 올라가다 보니, 밖에서 빛이 들어왔다.

"뭐야, 왜 벌써······. 아니, 너는!"

계단을 다 올라오자 노다 소장이 달려왔다.

"마루가 죽을 것 같아요. 빨리 병원으로 가야 해요!"

유키는 마루를 바닥에 눕히며 소리쳤다.

"잠깐."

노다 소장이 몽둥이로 유키의 가슴팍을 밀었다. 유키는 뒤로 밀리며 노다 소장을 보았다. 소장의 눈빛이 너무 섬뜩했다.

"자, 여기까지. 너는 어서 집으로 돌아가. 이곳은 내가 알아서 한다. 지나친 간섭은 내 머리를 돌게 하지."

노다 소장은 윗옷 안주머니로 손을 집어넣었다. 그리고 총을 꺼냈다. 유키는 손을 번쩍 들며 뒤로 물러섰다. 소장은 그 총으로 유키를 겨누다가, 마루를 겨누었다.

"아, 알았어요. 갈게요. 갈 테니 제발 총을 쏘지 마세요."

유키는 두 손을 모아 싹싹 빌며 뒷걸음질했다. 건물과 건물 사이 골목까지 왔는데도 소장은 총을 거두지 않았다.

'마루야, 기다려. 꼭 데리러 올게.'

유키는 돌아서서 뛰었다.

처음 마루를 보았던 곳까지 와서야 유키는 멈춰 서서 숨을 골랐다. 조금만 더 가면 건너왔던 안전 펜스가 있을 것이다. 그 주변에는 사람들과 친구들, 히토미 선생님이 있지 않을까.

'사람들에게 알려야 해. 그래야 마루를 병원으로 옮길 수 있어.'

그렁그렁 차오르는 눈물을 훔쳐내며 유키는 정신없이 뛰어갔다.

그러나 아무도 보이지 않았다.

"살려 주세요. 여기 사람들이 있어요!"

유키는 큰 소리로 외쳤다.

"여기, 사람들이 있다고요!"

유키가 다시 한번 소리쳤다.

"탕! 탕!"

이어서 울리는 총소리. 유키는 놀라 그만 넘어지고 말았다.

6. 기다려

유키는 눈을 뜨고 주위를 둘러보았다. 자신의 방이었다. 잠을 푹 잔 듯했고, 아주 긴 꿈을 꾼 것도 같았다. 커튼이 쳐져 있지만, 어둡지 않았다. 유키는 거실로 나갔다.

엄마가 달려와 유키를 안았다.

"그곳에 왜 들어갔어? 선생님 따라다니라고 했잖아."

엄마의 두 눈에서 금방이라도 눈물이 떨어질 것 같았다.

"엄마, 거기에 사람들이 있었어."

"뭐?"

유키는 소파에 앉았다. 엄마도 옆에 앉았다.

"엄마, 하시마 섬에는 강제로 끌려온 사람들이 있었어. 그 사람들은 해저 탄광에서……."

꽁꽁 감춰둔 비밀을 들킨 사람처럼 엄마의 눈동자가 흔들렸다.

"엄마는 알고 있었지? 근데 왜 아무 말도 안 해 줬어?"

하시마에 대해서 별거 없다고 했던 엄마의 말이 생각났다.

"그게, 너무 오래된 일이고……. 안다고 해도 우리가 뭘 할 수 있겠니. 속상하기만 하지."

"속상하다고 모른 척하면 마루는 어떡해?"

"누구?"

엄마가 눈을 동그랗게 뜨고 되물었다.

"마루가 기다리고 있어. 다른 아저씨들도 우리를 기다리고 있다고."

"네가 어떻게 그 이름을……."

"열네 살이고 함양읍 수동에 살았대. 나보고 동생 같다고 했어."

유키는 마루가 죽었을지도 모른다는 말은 하지 않았다. 말을 하면 정말 그렇게 될까 봐. 엄마는 무슨 말인가를 더 하려다가 두 손으로 입을 막았다.

"엄마도 아는 이름이야?"

엄마의 표정이 이상해서 유키는 고개를 갸웃했다. 엄마는 입을 막았던 두 손을 떼고, 천천히 말했다.

"할아버지 말이야……. 어릴 때 돈 벌러 떠난 형님을 아직도 기다리는 거 알고 있지?"

유키는 고개를 천천히 끄덕였다.

"형님, 그러니까 너한테는 큰할아버지가 되시는 분의 이름이 마루, 라고 들었어."

머리끝까지 소름이 끼치는 걸 느끼며 유키는 중얼거렸다.

"마루, 함양, 동생……."

"두 분의 기다림이 너에게 전달되었나 보다."

엄마의 목소리가 가늘게 떨렸다.

다음 날, 학교로 가는 길에 엄마는 뒷거울로 자꾸 유키를 보았다. 유키는 괜찮다는 듯 웃어 보였다.

야외 학습 활동 보고 시간이 왔다. 준이치가 제일 처음 발표했다. 준이치는 커다란 교실 모니터에 하시마 섬이 번성했을 때의 사진 몇 장을 띄웠다.
　"저는 부모님과 함께 하시마 섬에 대해 또 공부했습니다. 부모님께서도 잘 몰랐던 우리 선조의 위대한 점을 알게 되어 기쁘다고 했습니다. 지금은 폐허가 되었지만, 우리 후손들이 훌륭한 문화유산으로 기억하고 가꾸어야 한다고 생각합니다."

준이치의 감격스러운 목소리에 아이들이 손뼉을 쳤다. 다른 아이들의 발표도 비슷했다. 유키 차례가 되었다.

"유키는 힘들면 안 해도 돼요."

히토미 선생님이 다정하게 말했다. 유키는 고개를 저으며 앞으로 나갔다.

"선생님과 친구들에게 걱정을 끼쳐 미안합니다."

허리를 굽혀 인사한 뒤, 유키도 엄마와 함께 준비한 사진을 띄웠다. 영상 첫 화면에는 갈비뼈가 앙상하게 드러난 남자들이 짧은 바지만 입은 채 힘없이 서 있는 모습이 나왔다.

그다음 화면으로 넘기자, 훈도시만 입은 남자가 반은 누운 채, 좁은 갱도에서 곡괭이로 석탄을 캐는 장면이 나왔다. 사진을 보던 아이들이 얼굴을 찌푸리며 술렁거렸다.

"준이치가 보여 준 사진처럼, 100여 년 전 하시마 섬에는 발전된 기술과 문화를 누리던 일본 사람들이 많았습니다. 하지만 이 사진의 모습처럼 강제로 끌려와 해저 탄광에서 석탄을 캐던 한국 사람들도 있었습니다."

아이들은 서로 마주 보며 웅성거렸다. 그때 준이치가 벌떡 일어섰다.

"저 사람들은 스스로 돈을 벌기 위해 온 겁니다. 나라가 힘이 없고 가난하니까요. 일하기 싫으면 오지 말았어야죠."

준이치가 코웃음을 쳤다.

"맞습니다. 처음에는 많은 돈을 벌게 해 준다고 했습니다. 그런데 점점 강제로 사람들을 끌고 왔습니다. 하루 식사로

주는 주먹밥은 콩깻묵과 잡곡을 섞은 것이었고, 일한 대가도 제대로 주지 않았습니다. 고향에 가고 싶어도 보내 주지 않았습니다. 도망치다 물에 빠져 죽은 사람들도 있고, 잡혀서 매를 맞고 죽기도 했습니다."

유키의 말을 듣고 있던 아이들은 어깨를 움츠리며 부르르 떨었다. 유키는 다른 사진을 띄웠다. 사진은 남자아이 둘이 어색하게 앞을 보며 찍은 것이었다.

"이 사진 속 한 아이는 우리 또래일 때 돈을 벌기 위해 하시마로 떠났지만 아직도 돌아오지 못한 마루이고, 또 한 명은 그 형을 아직도 기다리고 있는 저희 할아버지의 어릴 때 모습입니다. 제가 안전 펜스를 넘어 그 안으로 간 이유는 아마도 마루가 우리에게 하고 싶은 이야기가 많았기 때문이라고 생각합니다."

아직도 돌아오지 못하고 있다는 말에 아이들은 슬픈 표정으로 사진을 계속 보았다.

"무슨 소리야? 그리고 그건 옛날이야기일 뿐이야. 누가 누구에게 얘기를 들려준다고? 쳇."

준이치는 비아냥거리듯 말하고 창가로 얼굴을 홱 돌려 버렸다.

"선생님이 그러셨잖아. 유적지를 볼 때 겉모습만 보면 안 된다고."

유키가 말하며 선생님을 보았다. 선생님은 굳게 다문 입꼬리를 살짝 올려 웃어 보였다.

"강제로 끌고 와 일을 시키고 때린 사람이 누구입니까?"

한 아이가 떨리는 목소리로 물었다.

"해설사 아저씨가 그런 얘기는 하지 않았어."

미오도 유키의 말을 못 믿겠다는 투로 말했다. 아이들은 유키의 입만 바라보았다.

"그래서 우리 스스로 하시마 섬에 대해 다시 알아보자고 제안합니다. 자랑스러운 이야기도, 아픈 이야기도 우리는 바로 알아야 한다고 생각합니다."

유키와 준이치의 눈이 마주쳤다.

"강제로 끌고 와 일을 시켰다는 건 말이 안 돼. 믿을 수 없어. 유키의 말이 틀렸다는 걸 확인할 거야."

준이치는 반 아이들을 돌아보며 자신 있게 소리쳤다.

집에 갈 시간이 다 되도록 아이들은 하시마 섬에 대해 어떻게 공부할지 의견을 나누었다.

교문을 나서자 엄마가 달려왔다. 선생님이 엄마에게 무슨 말을 하려고 했지만, 엄마는 급히 인사하고 유키를 차에 태웠다.

"지금 바로 공항으로 가야 해."

시동을 걸며 엄마가 말했다. 유키가 왜냐고 묻기도 전에 엄마가 말했다.

"함양 할아버지가 오셔."

유키의 눈이 커졌다. 여태 단 하루도 집을 비우고 다른 데서 잠을 잔 적이 없다던 할아버지다.

"할아버지가? 혹시 마루 때문에?"

"그래. 도윤이 너랑 같이 하시마 섬에 가 보고 싶으시대."

도윤이는 차 창문에 기대어 하늘을 보았다. 햇살이 부서지며 창으로 들어왔다. 아픈 마루를 끌고 계단을 올라가다가 보았던 햇살 같았다.

'마루야, 기다려!'

1930년경 군함도

ⓒ 위키 백과(퍼블릭 도메인)

2015년 7월, 유네스코 세계 유산 위원회는 군함도를 세계 문화유산으로 등재했다.
'일본의 미래'라 불리던 군함도는 강제로 끌려온 조선인에게는 '지옥의 섬'이었다.

해저 1000미터에 이르는 갱도는 평균 45도 이상의 고온이었고, 허리조차 펼 수 없는 좁은 갱도의 끝 막장에서 콩깻묵 주먹밥으로 허기를 달래며 하루 12시간 이상 일해야 했다.

들이치는 바닷물에 피부가 짓물러 썩거나 떨어져 나갔으며, 메탄가스 폭발로 천장이 붕괴해 죽거나 다쳤다. 공식 기록에 따르면 한국인 노동자 8명 가운데 1명 이상이 가혹한 노동과 생활 속에서 목숨을 잃었다.

이런 사실을 숨긴 채 일본은 전 세계 관광객에게 군함도를 자랑스러운 세계 문화유산으로 소개하고 있다.
역사를 왜곡하려는 일본에 맞서 우리가 해야 할 일은 무엇일까?

역사를 바로 아는 것은 단지 과거를 아는 것뿐만 아니라 미래를 위한 일이다.

우리 기억하고 또 기억하자!